Susanna Gilbert

Mord(s)geschichten von Rügen

Tragödien einer Insel

Edition Pommern

2018

Impressum:

Autorin: Susanna Gilbert

Titel: Mord(s)geschichten von Rügen - Tragödien einer Insel

Elmenhorst/Vorpommern: Edition Pommern 2018

ISBN: 978-3-939680-47-5

Gedruckt in Deutschland

Inhalt

Kap Arkona
Wittow
Lohme
Vaschvitz
Baldereck
Granskevitz
Schaprode
Zubzow
Saßnitz
Udars
Rappin
Ralswiek
Gingst
Zittvitz
Binz
Bergen
Dreschvitz
Sellin
Putbus
Baabe
Göhren
Gustow

Die Rüganer - „ein sehr zänkisch und mordtisch Volk“?

Wüste Kerle sollen die Rüganer früher einmal gewesen sein: Ein „sehr zänkisch und mordtisch Volk“, urteilte jedenfalls der pommersche Chronist Thomas Kantzow im 16. Jahrhundert. „Denn im ganzen Lande zu Pommern werden kein Jahr soviel vom Adel und anderen erschlagen, als allein in dieser kleinen Insel.“ Offenbar war das aufbrausende Wesen der Insulaner nicht selten dem Alkohol geschuldet, denn sie „gerathen ... in den Krügen oder Wirthshäusern leichtlich aneinander.“ 300 Jahre später glaubte Theodor Fontane noch eine andere wenig schmeichelhafte Eigenschaft des Inselvolks ausgemacht zu haben: Die Rüganer, so schrieb er 1884 in sein Tagebuch, seien ein „Volk, das einen schröpft, fast schlimmer wie auf Norderney“[1].

Es gibt aber auch wohlmeinendere Urteile über das Inselvolk: In den ersten Reiseführern des 19. Jahrhunderts werden die Bewohner Rügens durchweg als fleißig, sparsam und „bieder“ bezeichnet. Und stolz sollen sie auch gewesen sein, stolz genug, um „hartnäckig das zu behaupten und durchzufechten, was jeder für sein Recht hält“ und „wenig geneigt (zu sein), sich von Höheren was gefallen zu lassen“[2].

Wenn wir auf das Leben früherer Generationen Rügens zurückblicken, dann lässt sich erahnen, dass sich viele dieser Eigenschaften wohl im täglichen Überlebenskampf entwickelt haben. Die Bauern und Leibeigenen, Fischer und Fährmänner der Insel hatten wohl kaum die Muße, Gutes zu tun oder gar ihre

Umgangsformen zu kultivieren. Not ist nicht gesetzlich, sagt ein litauisches Sprichwort. Geknechtet von den Gutsherren, ausgeplündert von Eroberern und mit der Aussicht auf das Fegefeuer von der Kirche eingeschüchtert ging es den Rüganern von gestern oft einzig um das nackte Überleben. Hungersnöte, Naturgewalten, Krankheiten und Willkür der jeweils Herrschenden waren an der Tagesordnung. Auch viele Unglücke ließen die Menschen auf der Insel oft verzweifeln. Manche dieser Tragödien sind bis heute unvergessen.

In ihrem Buch nimmt die Historikerin und Journalistin Susanna Gilbert ihre Leser mit auf eine Zeitreise zu dramatischen Momenten in der Geschichte Rügens. Die Autorin erzählt von Meuchelmorden, tragischen Unglücksfällen, von Hexenwahn und Heimsuchungen durch Pest und Cholera, von einem rätselhaften Toten im Schrank und dem Besuch von Außerirdischen. Sie berichtet von schrecklichen und skurrilen Ereignissen, die alle eines gemeinsam haben: Sie sind wirklich passiert.

Go West:
Vom Aufstieg und Fall der Slawen auf Rügen

Kein Mensch weiß genau, warum westslawische Sippen vor 1.500 Jahren ihr Hab und Gut auf Ochsenkarren packten und ihre Heimat, die polnische Tiefebene verließen, um im Westen ihr Glück zu suchen. Nur so viel ist sicher: Der Exodus fiel in eine Zeit des gesellschaftlichen Umbruchs. Hunnen drängten von Osten immer weiter vor und blockierten die bisherigen Nord-Süd-Verbindungen. Angesichts der Bedrohung durch die kriegerischen Reiterhorden wurde es den slawischen Bauern an ihren Siedlungsplätzen bald zu brenzlig. Sie zogen los und landeten schließlich an Elbe, Saale, Havel, Naab, Main und Donau. Sie begannen, sich in der Steiermark ebenso häuslich niederzulassen wie in Holstein, in Böhmen ebenso wie im Havelland.[3]
Ein slawischer Stamm - die Ranen - bog auf seinem Weg gen Westen rechts ab, erreichte schließlich den Strelasund und blickte auf eine verheißungsvolle Insel. Nichts wie hin. Und so ließen sie ihre Einbäume ins Wasser, verfrachteten Kind und Kegel in die Boote und paddelten der neuen Heimat entgegen. Ihre erste Nacht auf Rügen werden sie wohl auf einer Lichtung verbracht haben, denn damals - im siebten Jahrhundert nach Christi Geburt - gab es kaum etwas anderes als Wald auf der Insel. Vielleicht ist ihnen zuweilen ein einzelner „Ureinwohner“ über den Weg gelaufen. Doch viele germanische „Rugii“ trafen sie nicht an, denn die hatten sich bereits drei Jahrhunderte zuvor aus dem Staub gemacht.

Die neuen Inselbewohner gingen fleißig ans Werk: Wald musste gerodet und Korn angebaut werden, wenn sie nicht im nächsten Jahr verhungern wollten. Ihre Hütten bauten die Ranen gern dort auf, wo sie unter allerlei Wildwuchs ehemalige Siedlungen der Germanen entdeckten. Nach und nach verstreuten sich die Ankömmlinge über die ganze Insel. Besonders im Süden, Südwesten und der Mitte Rügens schien es ihnen gut zu gefallen. Ein Dorf nach dem anderen entstand und erhielt den Namen des jeweiligen Sippenschefs. Flugs wurden auch Burgen gebaut, die den Insulanern im Gefahrenfalle Schutz boten. Im Laufe der nächsten Jahrhunderte entwickelten sich gesellschaftliche Hierarchien, an deren Spitze ein Fürst herrschte. Die Ranen mauserten sich zu geschickten Schiffsbauern und Handwerkern, verstanden es trefflich zu handeln, waren versierte Ackerbauer und Viehzüchter.[4]
Dabei waren sie alles andere als Heilige. Übten sie sich anfangs noch als Gelegenheitspiraten, entwickelten sie sich schnell zu gefürchtete Kriegern, die immer wieder beutegierig die anliegenden Küsten heimsuchten. Bald waren sie die gefürchteten Herrscher der südlichen Ostsee. „Nun“, schreibt Helmond von Bosau in seiner Slawenchronik, „sind die Ranen (...) ein grausames Volk. (...) und während sie selbst vielen das Joch auflegen, dulden sie für sich keines, zumal sie bei der geschützten Lage ihrer Wohnsitze unangreifbar sind.“[5] Doch hier irrte der Chronist: Seit dem 11. Jahrhundert hatten die Ranen mit häufigen Überfällen zu kämpfen, bis sie sich schließlich 1168 nach der Eroberung ihrer Tempelburg am Kap Arkona ergeben mussten.

Götzendienst am Kap: Die Tempelburg und ihre Geheimnisse

Christlichen Missionaren galt sie als „schauriger Ort der Abgötterei" , den Westslawen als heilige Stätte zu Ehren ihres vierköpfigen Gottes Svantevit. Und der Anblick der Jaromarsburg muss schon von weitem furchteinflößend gewesen sein: Landwärts geschützt durch einen tiefen Graben und hohe Erdwälle ragte die Tempelburg am Kap Arcona scheinbar uneinnehmbar hoch über der Ostsee. Über den Palisaden blickten die Köpfe enthaupteter Feinde mit toten Augen auf die Ankommenden herab. Die Ranen zogen wahrlich alle Register, um ihr Heiligtum am Ende der Welt vor den Begehrlichkeiten ihrer Feinde zu schützen. Denn hier wurde nicht nur einem Gott gehuldigt, sondern auch dessen Schatz, rund 1000 Kilogramm Silber, bewahrt.[6]

Heute sind von der eigentlichen Anlage nur noch rund 20 Prozent erhalten. Der Rest ist längst ins Meer gestürzt. Auch der Schutzwall soll 600 Meter länger gewesen sein.[7] Der eigentliche Tempel wurde ebenfalls durch den Uferabbruch zerstört. Dabei war er über Jahrhunderte der religiöse Mittelpunkt der Nordwestslawen. Hier wurden Tier- und vermutlich auch Menschenopfer dargebracht. Man fand nur die bedauernswerten Reste „mit Spuren ritueller Versehrtheit"[8] Die Priester entschieden über Krieg und Frieden und befragten das Orakel. Jeweils im August strömten die ranischen Sippen zum kultischen Fest herbei. Im November versammelten sie sich zum Heringsmarkt. Dabei waren die Ranen nicht einmal die ersten, die die einmalige Lage an der Nordküste der Insel zu schätzen wussten. Feuersteinwerkzeuge belegen, dass bereits vor 4.000 Jahren steinzeitliche Sippen hier vorübergehend ihre Hütten gebaut hatten.

Eine Skulpur des Swantevit wacht am Eingang der Tempelburg

Trotz aller Geheimhaltung und aller Vorsichtsmaßnahmen sprach es sich zur Wende des ersten christlichen Jahrtausends unter den benachbarten Seefahrervölkern herum, dass dort oben am Kap reiche Beute winkt. Der heilige Ort der Ranen war bereits vor seiner Zerstörung durch den christlichen Dänenkönigs Waldemar I. an Pfingsten des Jahres 1168 immer wieder Überfällen von Wikingern ausgesetzt gewesen. Die rüden Nordmänner waren mit ihren Schiffen im Wieker Bodden sowie zwischen Hiddensee und Rügen vor Anker gegangen, hatten ihre Pferde gesattelt und waren im Galopp zum Angriff auf die Burg gestürmt.

Wettlauf mit der Zeit: Die Grabungen am Kap

Heute graben Archäologen in der Tempelburg am Rügener Kap Arkona gegen die Zeit, um zu retten, was noch zu retten ist. Denn bereits weit mehr als zwei Drittel des Kultplatzes hoch über der Ostsee sind in den vergangenen tausend Jahren ins Meer gestürzt. Und in jedem Jahr geht ein weiterer halber Meter verloren.

Die Arbeiten nahe der Kliffkante sind nicht ungefährlich, die Ausgräber gehen zuweilen mit Sicherungsseilen ans Werk. Sie sieben die Erde, bis sie die Schätze frei gibt:

Von der imposanten Tempelburg am Kap Arkona
ist nur noch ein Bruchteil erhalten

Winzig kleine Eisenringe aus einem mittelalterlichen Kettenhemd, Pfeilspitzen aus der Wikingerzeit, blaue Glasperlen, Scherben, eine Bronzefibel aus dem 8. und die Knaufstange eines Schwertes aus dem 9. Jahrhundert sowie Steinwerkzeuge, mit denen Menschen vor mehr als 4000 Jahren das Fleisch vom Fell erlegter Tiere geschabt haben.

Seit Beginn systemischer Grabungen in den 1920er Jahren konnten hier nach Einschätzung des Landesarchäologen von Mecklenburg-Vorpommern, Detlef Jantzen, mehrere zehntausend Fundstücke geborgen werden - Zeugnisse einer uralten Siedlungsgeschichte auf dem „Olymp der Ostsee“.

Der Kult mit den Knochen: Seltsame Totenriten der Ranen von Ralswiek

Es ist schon seltsam, was sich Menschen alles ausgedacht haben, um ihren Göttern zu gefallen. Eine besonders bizarre Art religiöser Rituale scheint sich im beschaulichen Ralswiek am Ufer des Großen Jasmunder Boddens abgespielt zu haben. Sie gibt den Wissenschaftlern bis heute Rätsel auf.

An mehreren Stellen dieses ehemaligen slawischen Seehandelsplatzes fand man offensichtlich von Menschenhand zerstückelte Knochenfragmente von rund 70 Individuen. Ralswiek war vor 1.000 Jahren demnach nicht nur ein wirtschaftliches Zentrum, sondern auch Kult- und Opferplatz. Ob dabei Menschen bei lebendigem Leibe geopfert, oder „nur" ausgewählte Teile von Toten für die gewöhnungsbedürftigen Rituale benutzt wurden, ist nicht bekannt.[9]

Was man vermutet: An einem offenbar geheimen Ort wurden den Leichnamen die Gliedmaßen abgehackt. Die Knochen wurden vom Fleisch getrennt. Ob man das Knochenmark im rituellen Rahmen verspeist hat, entzieht sich unserer Kenntnis. Jedenfalls lag die Markhöhle vieler Knochenfragmente frei. Im Rahmen von Opferfesten wurden diese Fragmente menschlicher Existenz zu den Ralswieker Kultplätzen, von denen sich einer gegenüber der kleinen Kirche befunden haben soll, gebracht und dort deponiert. Da lagen sie nun, und zwar vielleicht nicht nur zu Demonstrationszwecken, sondern auch als Knabberei für Hunde.[10] Heute sind diese Leichenzerstückelungen mehr als befremdlich, sie waren aber seit Urzeiten bis ins Mittelalter durchaus nicht selten.

Wer heute nach Ralswiek kommt der ahnt nicht, welche Bedeutung der kleine Ort früher einmal hatte. Für die frühmittelalterlichen Händler und Handwerker bot die geschützte Lage mit Verbindung zur offenen Ostsee einen idealen Platz. Für vier Jahrhunderte war das Dorf der bedeutendste Seehandelsplatz der südlichen Ostsee, die Keimzelle der späteren Hansestädte und das Tor zur Welt. Wie weit die Handelsbeziehungen reichten, beweist der Fund eines Schatzes mit über 1000 orientalischen Silbermünzen.

Auf dem Platz vor der kleinen Ralswieker Kirche
kamen einst die Slawen zu schauerlichen Ritualen zusammen

Auch Schmuckperlen und Schreibgriffel, Fibeln, Handschuhe aus gewebter Schafwolle, Keramik und Knochen wurden hier seit den 1960er Jahren ausgegraben. Die Entdeckung von vier gut erhaltenen slawischen Booten war eine weitere Sensation. Die bis zu 15 Meter langen Boote eigneten sich wegen ihres geringen Tiefgangs bestens sowohl für die flachen Bodden- als auch für die Küstengewässer.[11]

Peter Herfert untersuchte hunderte slawische Grabhügel bei Ralswiek

Zu verdanken hat Ralswiek seine Wiederentdeckung dem Prähistoriker Peter Herfert sowie seinem Kollegen Achim Leube. An einem kalten windigen Morgen im Februar 1962 hatten die beiden die als „Schwarze Berge“ bekannten waldigen Hügel östlich des Dorfes durchstreift. Sie suchten jene Hügelgräber, die bereits Friedrich Hagenow in seiner Rügenkarte von 1829 verzeichnet hatte, die dann aber in Vergessenheit geraten waren. Herfert und Leube mussten nicht lange suchen. Zwischen den Bäumen reihte sich eine Bodenerhebung an die andere. 454 Hügelgräber wurden später gezählt, die größten ragten zwei Meter empor, die kleinsten nahmen sich mit 25 Zentimeter dagegen bescheiden aus. Wo es Gräber gibt, dachte sich Herfert, muss auch eine Siedlung sein. Und tatsächlich: Als er ins Dorf ging, „lagen 1000 Jahre alte Scherben einfach so herum."[12]

MORDWANGEN
ERINNERN AN LÄNGST VERGANGENE VERBRECHEN

Im Mittelalter und der beginnenden Neuzeit war es im Osten Deutschlands durchaus üblich, dort Erinnerungssteine aufzustellen, wo ein Verbrechen an Leib und Leben geschehen war. Vor allem, wenn eine höher gestellte Persönlichkeit Mördern zum Opfer fiel, mussten die Täter auf eigene Kosten eine solche Mordwange errichten. Auf Rügen sind noch drei dieser Sühnesteine erhalten: in Schaprode, Gustow und Gingst. Doch waren es angesichts der rüden Sitten auf Rügen früher wohl noch etliche mehr. Denn allein zwischen 1312 und 1417 soll es nach den Forschungen des Rügener Historikers Alfred Haas (1860-1950) 28 urkundlich nachgewiesene Mordtaten auf dem Eiland gegeben haben.[13] Und im 16. Jahrhundert geschahen auf Rügen mehr Gewaltverbrechen als irgendwo sonst im Herzogtum Pommern.[14] Heute würde man sagen, die Frustrationstoleranz war gering.

Noch 1897 hatte eine „Kommission zur Erhaltung und Erforschung der Denkmäler in der Provinz Pommern“ 14 Mordkreuze und -wangen in der Ostseeküstenregion gezählt. Sie bestanden meist aus schwedischem Kalkstein und waren übermannsgroß. Die Inschriften erinnerten an die Opfer und baten um Fürbitte für das Seelenheil der Toten.

Welchen Zweck diese Sühnesteine erfüllten, ist fraglich. Vielleicht sollten sie die Familie des Opfers milde stimmen und der in der damaligen Zeit noch üblichen Blutrache

Jedenfalls hielt er noch eine zinnerne Kanne in der Faust, als ihm am Eingang Pastor Laurentius Krintze vor die Füße lief. Der Gottesmann, der seit 1537 als erster evangelischer Pfarrer von der Gingster Kanzel herab predigte, hatte mit dem Edelmann noch ein Hühnchen zu rupfen, war der doch mit seinen Abgaben an die Kirche im Verzug. Doch der Augenblick des Zusammentreffens war etwas ungünstig. Der Schnaps ließ Samburs Blut kochen. Wütend schwang er die Kanne und versetzte dem Pfarrer einen derart heftigen Hieb, dass der zu Boden ging und verschied. Sein Mörder sah zu, dass er Land gewann. Er verschwand auf Nimmerwiedersehen. Doch die Gingster mussten für seine Tat büßen: Das Dorf, ein Zentrum im Westen der Insel, verlor für lange Zeit sein Marktrecht, das es 51 Jahre inne gehabt hatte. Zur Sühne für den Mord wurde ein Mordkreuz errichtet, das aber zu Beginn des 18. Jahrhunderts durch ein Pferdewagen umgeworfen und beschädigt wurde. Heute ist der Stein im Chor der Kirche zu sehen.[18]

Der „Lustmord" an Erna Wenzlaff - Ein ungesühntes Verbrechen im Wald bei Sabitz

Nichts erinnert heute mehr an das einstige Angerdorf Sabitz. Wer über die Felder zwischen Bergen und Ralswiek schaut, erkennt allenfalls ein Waldstück, in dem früher ein Wohnhaus und einige Nebengebäude standen. Nichts deutet darauf hin, dass hier vor neun Jahrzehnten ein grausames, nie gesühntes Verbrechen geschah:[19] Am Vormittag des 21. Februars 1927 gellen Schreie aus dem Wald. Ein Sabitzer Landarbeiter mit dem Namen Wenzlaff eilt herbei und erstarrt: Erna, seine eigene junge Frau, liegt da blutüberströmt auf dem Boden. „Nachdem ich meine Frau als Leiche gefunden hatte", sollte der Witwer später zu Protokoll geben, „habe ich sie in der Weise heimgetragen, daß ich sie hochgestemmt getragen habe. Hierbei ist meine Arbeitsjoppe blutig geworden, ebenso meine Mütze." Bald nimmt die Polizei ihre Ermittlungen auf, befragt Zeugen, versucht, den Tathergang nachzustellen: Offenbar war die 23jährige Erna, die der Familie Thesenvitz aus Ramitz entstammte, morgens nach Bergen aufgebrochen, um ihre Besorgungen zu machen. Mit ihrem vollen Einkaufskorb in der Hand trat sie dann „auf der Richtung Lietzow führenden Chaussée" den Heimweg an. Um den Weg abzukürzen ging sie über ein freies Feld auf ein Waldstück zu. Das war zwar von der Forstverwaltung verboten, die Sabitzer aber nahmen hin und wieder diese Abkürzung. Dort, im Wald musste sie auf ihren oder gar ihre Mörder getroffen sein. Offenbar, so vermutet die Polizei, hat sie sich zunächst zur Wehr gesetzt, als sie angegriffen wurde. Doch nur fünfzig Meter weiter wurde sie überwältigt. Mit fünf Stichen in der Brust und zwei Schüssen durch den Hals brach sie tot zusammen. Auch das Motiv decken die Ermittler auf: „Nach dem Befund der Kleidung und der Lage der Leiche" war Erna das Opfer eines „Lustmordes" geworden. Zunächst gerät der Ehemann ins Visier der Kripo. Doch dieser Verdacht wird schnell fallengelassen, denn er hat ein Alibi. Außerdem wird von den Eltern der Ermordeten bestätigt, dass ihre Tochter eine glückliche Ehe geführt hatte. Auch der Forstgehilfe Schlüter und ein Emil Kaminsky werden vernommen, müssen aber aus Mangel an Indizien und Beweisen wieder freigelassen werden. Die Überprüfung einschlägig vorbestrafter Triebtäter läuft ebenfalls ins Leere. Die Polizei tritt auf der Stelle. Am 18. Juli 1927, also fünf Monate nach der Tat, wird die Belohnung zur Ergreifung des Täters von 500,- Mark auf 3.000,- Mark erhöht. Umsonst. Der Mord an Erna Wenzlaff bleibt ungesühnt. Allerdings, so erzählt man sich heute noch, soll ein Mann Jahrzehnte später auf der Schwelle zum Tod die Tat gestanden haben. Sicher weiß man das aber nicht. Das Haus der Wenzlaffs hieß fortan nur noch „Mordkaten", aber den gibt es schon lange nicht mehr. 1973 wurde die letzte an diesem Ort lebende Familie Mielke nach Jarnitz umgesiedelt, und eine Mülldeponie errichtet, die bis 1994 betrieben wurde. Seither wächst Gras über die Sache.

„Bestie in Menschengestalt“: Wie Kindermörder Ludwig Tessnow überführt wurde

Rügen im Juli 1901: Bei strahlend sonnigem Kaiserwetter wird Wilhelm II. empfangen, als seine Jacht im Hafen von Sassnitz einläuft. Während Tausende ihren Herrscher mit donnerndem Hurra begrüßen, spielt sich nur 20 Kilometer weiter südlich eine Tragödie ab, die lange Zeit alles überschatten wird: Eine Suchmannschaft findet nämlich in einem Wald bei Göhren die grausam zugerichteten Leichen zweier Kinder und einen blutbesudelten faustgroßen Stein. Die Toten waren Hermann und Peter, die fünf und sieben Jahre alten Söhne eines Fuhrmanns. Sie waren am Tag zuvor entweder zum Heidelbeerpflücken oder zum Spielen am Strand aufgebrochen und abends nicht zurück gekehrt.

Schnell gerät der Tischlergeselle Ludwig Tessnow ins Visier der Ermittler. Der 29 Jahre alte Stolzenhagener arbeitet nämlich ganz in der Nähe in Baabe und ist von mehreren Zeugen in der Nähe des Tatorts gesehen worden. Außerdem war er drei Jahre zuvor schon einmal des Doppelmordes an zwei Mädchen in Lechtingen bei Osnabrück verdächtigt worden. Darüber hinaus hatte man Tessnow auf einer Wiese ausgemacht, auf der man sieben zerstückelte Ziegen fand. Doch wie in den zurückliegenden Fällen beteuert Tessnow auch vor dem für Rügen zuständigen Untersuchungsrichter Johann Schmidt seine Unschuld. Die zahlreichen Flecken auf seiner Kleidung seien Tischlerbeize, erklärt er im Verhör.

Doch während man 1898 noch keine Möglichkeit hatte, Blutflecken nachzuweisen, war die Wissenschaft 1901 schon ein gutes Stück vorangekommen. Das, was der Serologe Paul Uhlenhuth im selben Jahr entdeckt hatte, revolutionierte nicht nur die Ermittlungsarbeit der Polizei, sondern wurde auch Tessnow zum Verhängnis. Nur wenige Monate vor den Rügener Morden hatte der 31jährige Immunologe aus Greifswald nämlich nicht nur herausgefunden, wie man Blut von anderen Substanzen unterscheiden kann, sondern auch, ob es sich bei Blutflecken um das von Tieren oder von Menschen handelt.

Der Untersuchungsrichter lässt nun Uhlenhuth den blutverschmierten Stein, Tessnows Arbeitskleidung und dessen „feine" Garderobe zukommen. Dessen Gutachten liegt bereits am 5. August 1901 - gerade einmal einen Monat nach der Tat - vor. Demnach sind die Flecken auf Tessnows Arbeitskittel tatsächlich Beizeflecken. Die Flecken auf seinem Sonntagsstaat und auf dem Stein aber stammen von Ziegen- und von Menschenblut. Angesichts der erdrückenden Beweislast wird der Angeklagte im Frühjahr 1902 von einem Greifswalder Gericht zum Tode verurteilt. Doch während der Hinrichtungstermin verkündet wird, stürzt der Delinquent am ganzen Körper zuckend zu Boden. Es wird eine psychiatrische Untersuchung angeordnet. Sechs Psychiater bescheinigen ihm Zurechnungsfähigkeit. Am 14. März 1904 wird das Todesurteil vom Reichsgericht in Leipzig bestätigt. Noch im selben Jahr soll die „Bestie in Menschengestalt" im Innenhof des Greifswalder Gefängnisses enthauptet worden sein. Ob das tatsächlich der Fall ist, oder ob das Urteil heimlich in lebenslange Zuchthaushaft umgewandelt wurde, wird wohl nie mehr geklärt werden.[20]

Seit dem 13. Jahrhundert hatte sich das Scharfrichteramt entwickelt. Dies ging einher mit dem Versuch, den Strafvollzug zu „verstaatlichen“, um blutigen Fehden und anderen Gewalttaten Einhalt zu gebieten. Vorher waren Gerichtsverhandlungen an heiligen Stätten - besonderen Steinen oder Bäumen - abgehalten und die Missetäter dem Kläger selbst ausgeliefert worden. Dieser vollzog dann mit seinen Knechten die Strafe. Auch der jüngste Ehemann im Ort oder alle Dorfbewohner gemeinsam wurden mitunter herangezogen, den Unglücklichen hinzurichten. An diese Praxis erinnert bis heute die Redewendung „Sie ziehen alle an einem Strang“.[21] Die Delegierung dieses belastenden Jobs an amtliche Büttel wird wohl von den meisten mit großer Erleichterung aufgenommen worden sein.

Auch wenn man wohl heilfroh darüber war, sich nicht mehr selbst die Hände dabei dreckig zu machen, hatte die neue Berufsgruppe der Scharfrichter keinen leichten Stand. Sie blieben unter sich. Ein anderer Beruf war ihren Söhnen verwehrt, und die Töchter konnten nur innerhalb der eigenen Kaste nach einem geeigneten Ehemann Ausschau halten. Es bildeten sich regelrechte „Dynastien“ heraus. Sie waren keineswegs arm, aber gesellschaftlich unten durch. In der Kirche wurde ihnen ein Platz in der hintersten Reihe zugewiesen. Im Wirtshaus saßen sie abseits von den anderen, und ihre Häuser wurden nur am Rande der Ortschaften geduldet. Gleichwohl brachte man einigen

Henkern Verehrung entgegen, da sie dank ihrer guten anatomischen Kenntnisse Krankheiten und Wunden zu heilen vermochten.

Die wohl berühmteste Henkerfamilie waren die Sansons, die über Jahrhunderte - von 1688 bis 1847 - in Paris und anderen französischen Städten ihres furchtbaren Amtes walteten. Manchmal führten die Scharfrichter ein Doppelleben, wie der letzte Wiener Henker Josef Lang. Keiner der Gäste seines Kaffeehauses ahnte wohl, dass der Mann nebenbei als Assistent an Hinrichtungen mitwirkte. Erst 1900 musste er als Staatsbeamter sein Café aufgeben. Die letzen Todesurteile auf deutschem Boden wurden von Hermann Lorenz vollstreckt. Der DDR-Offizier tötete 20 Menschen. Sein letztes Opfer war Werner Teske. Dem angeblich abtrünnigen Stasi-Hauptmann setzte Lorenz am 26. Juni 1981 die Pistole an den Kopf und drückte ab. Der letzte deutsche Henker starb 2001 in Leipzig.

Wer mit dem Auto über den Otto-Grotewohl-Ring in Bergen fährt, ahnt nicht, dass dort früher einmal unglückselige Menschen ihr Leben lassen mussten. Denn dort stand der Galgen der Inselhauptstadt. Überhaupt ist von den „Galgenbergen" Rügens heute nichts mehr zu sehen. Kaum jemand weiß noch, dass dort einmal Delinquenten den Boden mit ihrem Blut getränkt haben. Die Erhebungen etwa bei Sagard, bei Wiek und bei Bergen sind längst abgetragen. Dabei hatten die Scharfrichter auf Rügen früher gut zu tun, herrschten doch auf der Insel äußerst „rauhe Sitten", wie Volkskundler Alfred Haas in einem Aufsatz aus dem Jahr 1939 feststellte.[22]

Der Strafen gab es viele, und alle waren fürchterlich: Die erbarmungswürdigen Opfer wurden gestäupt, gerädert, verstümmelt, ertränkt, verbrannt, geblendet und erhängt. Die „Pommersche Mütze" wurde auf Rügen auch gern angewendet. So wurde sie dem Gingster Kirchenmann Alexander Runge angelegt, weil er den kaiserlichen Truppen, die im 30jährigen Krieg von 1627 bis 1630 auf Rügen tobten, nicht genug Gold ausgehändigt hatte. Man hatte dem armen Mann einen dicken Strick um den Kopf gelegt und diesen so fest zugezogen, dass „ihm die Augen aus dem Kopf zu stehen begunten".[23]

Mitten in Bergen, auf dem Marktplatz nahe dem Hotel zum Ratskeller, stand der „Schandpfahl", an dem die Verurteilten gezüchtigt und dem Spott ihrer lieben Mitbürger ausgesetzt wurden. In Rügens Hauptstadt wohnte und wirkte die Familie

Detail einer Ansicht auf Bergen, Anfang des 17. Jahrhunderts.
Rechts unten mit der Darstellung des Galgens

Witte als Scharfrichterdynastie. Von 1774 bis 1827 vollstreckten die Wittes die Strafen an den Totgeweihten. Die Familie brachte es zu einigem Wohlstand und besaß Haus, Stall, Hof und Garten in der heutigen Schulstraße.[24]

Noch immer werden Menschen hingerichtet

Martialische Strafen in aller Öffentlichkeit haben sich als typisch für das Mittelalter eingeprägt. Dabei werden Menschen seit Jahrtausenden hingerichtet. Erst seit dem 18. Jahrhundert wurde die Rechtmäßigkeit dieser Vorgehensweise in Europa in Frage gestellt, und einige Staaten schafften die Todesstrafe ab. Nach unvollständigen Erhebungen von Amnesty International warteten Ende 2015 mindestens 20.292 zum Tode verurteilte Menschen auf ihre Hinrichtung. Im Jahr 2016 wurden 1.032 Hinrichtungen in 23 Ländern bekannt. Allerdings dürfte die Dunkelziffer viel höher sein. Ein Lichtstrahl allerdings fällt auf dieses düstere Kapitel Menschheitsgeschichte: Von 198 Staaten haben inzwischen 104 die Todesstrafe abgeschafft.

Eine Insel wird verhext: aus einem frommen Pastor wird ein fanatischer Inquisitor

Zwar tobte der Fanatismus im benachbarten Mecklenburg weitaus heftiger, dort wurden fast 4.000 Hexenprozesse nachgewiesen. Aber auch in Vorpommern wurden mindestens 567 Verfahren eröffnet, 88,7 Prozent richteten sich gegen Frauen.[25] Zahlreiche Flurnamen auf Rügen erinnern bis heute an frühere Hexereien: So gab es bei Nistelitz, Posewald, zwischen Baabe und Sellin, bei Dollahn, im Ralswieker Park und anderen Plätzen „Blocksberge". Ein Hexentanzplatz soll auch im Park von Putbus gewesen sein. Zudem sollen auf dem Schmöckberg bei Poseritz, auf dem Galgenberg bei Kasnevitz und auf dem Jangelberg auf Zudar einst Hexen verbrannt worden sein. Belege dafür gibt es aber nicht.

Bezeugt ist hingegen das Leben und unselige Wirken des Andreas Horn: Der studierte Theologe war 1650 als Pastor von Rappin eingesetzt worden und hatte kurz danach die 16jährige Tochter seines Amtsvorgängers geheiratet. Die Jagd auf Hexen sah der fromme Mann offenbar als seine heilige Pflicht an.

Auf seine Initiative hin wurde in Stralsund einer Frau, die man die Gützlawsche nannte, der Prozess gemacht. Woher sie kam, und wo sie hingerichtet wurde, weiß man heute nicht mehr. Ein Jahr später, 1654, zeigte er eine Frau aus Kartzitz, die Möllersche, an. Sie soll ihrem Nachbarn Böses angezaubert haben. Die Frau hatte aber Glück im Unglück: Der Gutsherr Joachim von Usedom beklagte sich beim Landvogt über diese „Diffamation" des Geistlichen und erreichte die Rehabilitation der Frau.

Vielleicht trieb die Verzweiflung über den frühen Tod von neun seiner Kinder den Pastor Horn dazu, die Amme verantwortlich zu machen und sie anzuklagen. Die arme Frau gestand „diesen Kinder-Mord auf der Tortur", berichtet Henrich Wackenroder 1732, „weswegen sie zu Stralsund, unter welcher Stadt Jurisdiction sie gehörete, verbrandt worden."[26] Für seine toten Kinder Andrea, Michaeli, Paulo, Johanni, Maria, Anna, Catharina, Judith und Sophia Maria ließ Horn eine Grabplatte errichten, die heute noch in der Rappiner Kirche zu sehen ist. Und anders als seine Opfer konnte sich der Pastor eines langen Lebens erfreuen. 57 Jahre lang kümmerte sich der „fromme" Mann um das Seelenheil seiner Rappiner Schäfchen.

Zum Gedenken an seine Kinder hat Pastor Horn den Altar der Rappiner Kirche gestiftet - Detail des Altars mit den Namen der Kinder

„Die Zauberinnen sollen getötet werden“

„Die Zauberinnen sollen getötet werden, ... nicht allein weil sie schaden, sondern auch, weil sie Umgang mit dem Satan haben.“ Nicht ein fanatisierter katholischer Inquisitor, sondern ausgerechnet der Erneuerer der christlichen Kirche, Martin Luther, wetterte 1526 von der Kanzel herab. Tatsächlich wurden vermeintliche Hexen in den protestantischen Teilen des deutschen Reichs weit schärfer verfolgt als in den katholischen Regionen.

Die Zeit der Hexenverfolgungen ist als äußerst düsteres Kapitel im kollektiven Gedächtnis geblieben. Der Glaube an Dämonen, Zauberei und den Satan war in den Köpfen der Menschen noch so tief verwurzelt, dass sich die Verfolgung des „Bösen“ zu einer Massenhysterie steigern konnte. Mannigfache Krisen am Ende des Mittelalters - Seuchen, Kriege, Hungersnöte, gesellschaftliche Umbrüche und klimatische Veränderungen - sorgten dafür, dass sich der magische Glaube, Menschen könnten anderen durch Zauberei Leid zufügen, beharrlich hielt. Nicht zu unterschätzen ist auch die „teuflische Wollust“, die es den Inquisitoren möglich machte, ihre durch den Zölibat unterdrückten Begierden sadistisch auszuleben.[27]

Die Bilanz ist erschütternd: In der Zeit zwischen 1450 und 1750 wurden in West- und Mitteleuropa etwa 100.000 Menschen Opfer des Hexenwahns. Vier von fünf dieser Opfer waren Frauen. Nach anderen Schätzungen wurden zwischen 1550 und 1650 rund drei Millionen Menschen der Prozess gemacht. Von ihnen endeten 40.000 bis 60.000 auf dem Scheiterhaufen.

Die Invasoren kamen und gingen

Die Geschichte der Menschen ist eine Geschichte von Kriegen, Leid und Armut. Immer waren es nur einige Wenige, die gut leben konnten, weil die Mehrheit für sie schuften musste. Auch auf Rügen war das nicht anders. Die Insel war seit dem Mittelalter Agrarland. Die Menschen lebten von dem, was der Boden hergab und die Gutsbesitzer nicht für sich beanspruchten. Die Rüganer wussten, was Armut ist. Und was Leid bedeutet, bekamen sie besonders im 17. Jahrhundert zu spüren.

Damals war die Insel - wie so oft schon - Schauplatz kriegerischer Auseinandersetzungen mit unermesslichen Folgen für die Bevölkerung. Mit dem Fenstersturz von Prag hatte 1618 ein drei Jahrzehnte währendes Hauen und Stechen begonnen, das Mitteleuropa in Schutt und Asche legen sollte. Am Ende war in den vom Krieg am meisten betroffenen Gebieten wie Pommern, Mecklenburg, Schlesien, Mittel- und Süddeutschland nur noch jeder Dritte am Leben.

Wallensteins Truppen hielten die Insel von 1627 bis 1630 besetzt. Als der Krieg Vorpommern erreicht hatte, war er schon längst nicht mehr nur ein religiöser Konflikt zwischen Katholiken und Protestanten, sondern der Kampf um die Macht über den Ostseeraum und um die Kontrolle der wichtigen Seehandelswege. Zum Terror durch die kaiserlichen Truppen gesellten sich Hungersnöte. Die Pest tat ein übriges, um die Bevölkerungszahl Rügens zu dezimieren. Auch später wurden Europas Kriege auf der Ostseeinsel ausgefochten. Die Invasoren kamen und gingen: Schweden, Dänen, Russen, Franzosen und Preußen erhoben sich zu Herren über das Inselvolk.

„*Plünderei an Leib und Leben*“: *Als die Kaiserlichen über die Insel tobten*

Zu Beginn des 30jährigen Schlachtens glaubte man sich auf Rügen - weit mehr als 600 Kilometer von Prag entfernt - noch in Sicherheit. Der Eindruck täuschte. Die Herrschaft über die Ostsee sollte bald zu einem der vorrangigen Kriegsziele der Streitkräfte werden. 1627 begann die Belagerung Stralsunds und damit auch eine „dreyjährige Dranckſal“ auf Rügen. Die ersten kaiserlichen Truppen setzten von Stahlbrode aus auf die Insel über, die aus der Sicht ihres Oberbefehlshabers Albrecht von Wallenstein der „beste Ort in ganz Pommern“ war.[28]

Die Besatzer - zunächst waren es 4.500 Musketiere und ihr ebenso großer Tross - pressten die Bevölkerung bald in unerträglicher Weise aus. Sie forderten weit mehr als die in einer Konvention ausgehandelten Lieferungen an die Soldateska. „Der Krieg ernährt den Krieg“ war Wallensteins Maxime. Seine Truppen zogen plündernd durchs Land. Sie ernährten und bereicherten sich weitgehend durch das, was sie raubten. So sollten allein für den in Bergen residierenden Kommandanten täglich ein halber Ochse, ein halbes Schwein, ein Kalb, zwei Schafe, zehn Pfund Butter, 170 Liter Bier, eine Tonne Heringe und vieles mehr heran geschafft werden.

Ein Jahr später hausten schon 6.800 Kaiserliche mit einer fast ebenso großen Schar Frauen und Kindern auf Rügen, später kamen noch einmal so viele Besatzer hinzu. Auch als Wallenstein 1628 die Belagerung der Hansestadt aufgab, wurde die Lage auf der Insel nicht besser. Im Gegenteil: Nun wurden auch die kaiserlichen Artilleristen auf die Insel verlegt.

Die Rüganer litten unendlich: Sie aßen Baumrinde und Gras, ja sogar ihre eigenen Toten. Wenn sie den Söldnern kein Geld geben konnten, wurden sie gefoltert. Ihre Frauen wurden geschändet, und sie wurden in ihre Hütte gesperrt und mit der Behausung verbrannt. Verzweifelt wandten sich die rugianischen Ritter im Mai 1629 an die Landstände: „Kinder haben ihrer verstorbenen Mutter die Brüste abgefressen“, heißt es in der Klageschrift. „Auch wird bei solchen Plünderungen nicht allein Vieh und Korn ... hinwegk genommen, besondern Kisten und Kasten, Küche und Keller erbrochen, Brod, Fleisch, Leingewand, Kessel und Grapen, Kleider, ja auch die so man auf der Haut trägt, so ganz hinwegk genommen, daß den armen Leuten oftmals ganz nichts wird gelassen.“[29]

Von der Rügener Südküste aus nahmen die kaiserlichen Truppen Stralsund ins Visier.

Im selben Jahr räumte Wallenstein Rügen. Ein Teil seines Kriegsvolks blieb jedoch weiter auf der Insel und lieferte sich mit den Schweden heftige Scharmützel. Noch 1630 fiel der Kaiserliche Oberstleutnant Hans von Wims in Bergen ein, plünderte und misshandelte die Bewohner, auch die Nonnen des Bergener Klosters, und verhaftete den Bürgermeister Martin Cracäus und andere Honoratioren. Zudem verwüstete er eine Reihe adliger Höfe, etwa Ralswiek und Putbus. Die Schweden dachten gar nicht daran, dem Wüten der Kaiserlichen gegen die Bevölkerung entgegen zu treten. Erst als die Insel vollkommen ausgeplündert war, schritten sie ein.

„DER TOD SCHRITT IN FURCHTBARER GESTALT DURCH EUROPA"

Ein Schreckgespenst ging im 17. Jahrhundert um in Europa - und dies nicht zum ersten Mal: Seit 1625 fegte eine neuerliche Pestepidemie unzählige Menschen hinweg. Die ganze Natur schien „erkrankt", so schrieb der Historiker Friedrich Wilhelm Barthold 1842. Der Tod „schritt ... in furchtbarer Gestalt durch Europa, von den Grenzen Asiens bis in den hohen Norden hinauf. Als wenn die Natur ihre ewigen Gesetze vergessen hatte."[30] Die Menschen waren der Pest hilflos ausgeliefert. Heilende Therapien gab es nicht. Die Patienten wurden mit Essig besprüht. Die Pestgeschwüre ließ man durch Salben „reifen" und schnitt sie dann auf, um Eiter und Blut abfließen zu lassen. Man ließ die Luft durch Feuer auf Straßenkreuzungen „reinigen". Mancherorts sorgten Ärzte dafür, dass nach dem Tod alle Kleider und das Haus einer verstorbenen Familie verbrannt wurden. Später kam man auch darauf, die Kranken zu isolieren, zumeist um die 40 Tage lang. Daher stammt der noch heute gebräuchliche Begriff Quarantäne (frz. vierzig Tage).

Im Jahr 1625 erkrankte auch der erste Rüganer in Kubbelkow an der Seuche.[31] Ab Mai 1626 verbreitete sich der Schwarze Tod in rasender Geschwindigkeit über die ganze Insel. In Rügen“, schrieb Ernst Heinrich von Wackenroder anno 1730, „fieng die Pest gewaltig an zu toben, so in kurzer Zeit eine grosse Anzahl Menschen dahin riß.“ Die Rüganer hatten zum Zeitpunkt des Ausbruchs der Krankheit kaum etwas entgegen zu setzen. Sie waren dank der Ausbeutung durch Wallensteins Truppen halb verhungert, ihr Immunsystem war geschwächt. Allein

Im Keller des Gutshauses von Granskevitz
sollen Pesttote eingemauert worden sein.

in Bergen waren täglich bis zu zwölf Pestopfer zu beklagen. 1683 schließlich wandte sich die rügensche Ritterschaft an die schwedische Regierung und bat angesichts der katastrophalen Lage um Anstellung eines Arztes. Im selben Jahr ließ sich ein Dr. Christian Lemke, bis dato Pestillenzarzt in Meißen, in Bergen nieder. Mit dem ebenfalls in Bergen praktizierenden Chirurgen D. Hellwig kümmerte er sich allein um die Kranken Rügens.

Seit diesen dunklen Zeiten hält sich beharrlich eine gruselige Geschichte, die nicht ganz unwahrscheinlich ist: In einem Keller unter dem südwestlich gelegenen Trakt des Gutshauses in Granskevitz sollen früher einmal Pestopfer beigesetzt worden sein. Anschließend, so wird gemunkelt, hat man die Gruft zugemauert. Auch im Gutshaus von Udars soll es Pestgräber hinter Mauern gegeben haben. Mehrere Versuche, Licht in das düstere Mirakel zu bringen, wurden vorzeitig abgebrochen. Offenbar scheuten die neugierigen Nachgeborenen vor den Folgen ihres Tuns zurück. Denn der Sage nach zieht jeder, der die Mauer öffnet, großes Unglück auf sich.

Dem Krieg entkommen, der Cholera erlegen: Die Toten vom Bug

Ein Unglück kommt selten allein - dies hatte sich nicht nur zu Zeiten der Pest bewahrheitet. Immer dann, wenn die Rügener Bevölkerung ohnehin durch Hunger, Kälte und Überarbeitung geschwächt war, entfalteten Krankheiten ihre zerstörerische Kraft. Eine Schulchronik aus Polchow schildert das harte Leben der Kinder auf dem Lande: Am Ende des 19. Jahrhunderts gab es in dem kleinen Fischerort nur einen provisorischen Unterrichtsraum, und die 33 Schüler und 32 Schülerinnen mussten ihre Notdurft auf einem Erdhügel verrichten. Doch die Kinder hatten noch ganz andere Probleme: 1890 wurde der Ort von einer Scharlachepidemie heimgesucht. „Zum Glück verstarb nur ein Kind“, notierte der Lehrer lakonisch in der Chronik. 1905 wüteten die Masern im Dorf, später auch Kinderlähmung und Diphterie. Zahlreiche Grippewellen erreichten Polchow und legten den Schulbetrieb immer wieder lahm. Besonders in strengen Wintern litten die Polchower Hunger, so dass auch der „mehr als mäßige Ernährungszustand“ der Dorfkinder auffiel. „Wer mötten würklich oft hungern“, gestand ein Fischer dem Chronisten.

Von einer Tragödie aus der Zeit des Zweiten Kriegsendes zeugt ein Memorial auf dem Bug nur wenige Kilometer von Dranke-Hof entfernt. Bei Baggerarbeiten auf dem Bug kam 1966 ein vergessenes Massengrab zum Vorschein. Es waren die sterblichen Überreste von 20 Flüchtlingen, hauptsächlich Frauen und Kinder, die 1945 auf einem Transportschiff an Typhus erkrankt und gestorben waren. Die Gebeine wurden auf den Friedhof von Dranske umgebettet. Später sollte sich herausstellen, dass 1945 auf dem Bug mehr als 500 Flüchtlinge der Seuche zum Opfer gefallen waren. Nur 90 von ihnen hatte der Wieker Pfarrer auf dem Gelände des damaligen Flugplatzes beerdigen können. Niemand weiß, wo die anderen Opfer ruhen.

Zu Kriegsende dümpelten in den Boddengewässern Rügens zahlreiche Boote, Schleppkähne vor allem, die aus dem Stettiner Haff kommend hier gestrandet waren. Einer von ihnen lag in Martinshafen. An Bord warteten Kranke und Verwundete aus dem Lazarett Ueckermünde. Es brach Typhus aus. Mindestens 30 der gerade dem Krieg entkommenen Menschen erlagen der Krankheit. Sie wurden mit Hilfe des Hafenmeisters Emil Heidrich in der Nähe des Hafens beerdigt. Der kleine Friedhof ist heute als Kriegsgräberstätte ausgewiesen.[32]

Tod im Meer

Keiner hat die Fischer, Matrosen, Passagiere und Fährmänner gezählt, die rund um Rügen den Seemannstod fanden. Nur in einigen Dorfchroniken finden sich die Listen der verstorbenen Schiffer. So fanden von 1856 bis 1903 allein in dem kleinen Fischerdorf Wiek 41 Männer den Seemannstod.[33] Kein Wunder also: Der Respekt vor den Naturgewalten war und ist bei jedem erfahrenen Seemann mit an Bord. „Ach, was ist doch ein Schifferleben/ Wie bald ist es darum geschehn!/ Ein Schiffsmann muß in Ängsten leben/ Wenn andre Leut' zur Ruhe gehn", heißt es nicht umsonst in einem Schifferlied.

Das Meer hat die Küstenbewohner seit Urzeiten genährt und nicht selten getötet. Nur die wenigsten konnten schwimmen. Noch um 1900 vermochten sich gerade einmal zwei bis drei Prozent der Bevölkerung über Wasser zu halten. Auch heute noch ist Ertrinken die zweithäufigste Ursache für tödliche Unfälle. Im 20. Jahrhundert ertranken weltweit rund 39 Millionen Menschen. Nur im Straßenverkehr starben noch mehr Menschen - 60 Millionen. 2016 wurden in Deutschland 537 Todesfälle durch Ertrinken verzeichnet, 26 von ihnen an der Nord- und Ostseeküste.[34] Im Zeitraum von 1960 bis 1999 starben allein bei Sportbootunfällen 191 Menschen im Ostseeraum. Jeder dritte von ihnen ertrank in Binnenseen, 27% in Boddengewässern, 12% in Achterwasser, 6% im Oderhaff und 12% im Peenestrom. Lediglich 9% der Wassersportler fanden auf der offenen Ostsee den Tod.[35]

Ein Gläschen Cognac bei der Überfahrt

Da Rügen bis 1936 nur mit dem Schiff erreichbar war, schreckte dies in vergangenen Zeiten so manchen Touristen ab. Man fürchtete die See - und die Seekrankheit. So rieten denn auch Reiseführer im 19. Jahrhundert: „Man halte sich auf dem Promenadendeck in frischer Luft, nicht in der Kajüte auf, vermeide in die Wogen zu sehen, richte vielmehr den Blick auf einen entfernten Gegenstand." Außerdem empfahlen die Reiseführer „dem Magen etwas Konstantes anzubieten, auch der Genuss eines Gläschen Portweins oder guten Cognacs ist nicht zu verachten."[36]

Die Tragödie um den Fischer Gau und seine Söhne

Auch heute noch, sechs Jahrzehnte später, ist die Tragödie um den Vaschvitzer Zeesenfischer Emil Gau und seine beiden Söhne Jochen und Hermann unvergessen. Wolfgang Schlieker war damals noch ein Kind, das Drama um die Nachbarn ist ihm aber bis heute in Erinnerung geblieben: Im Spätwinter des Jahres 1958 war Emil mit seinem Piekschlitten zum Eisfischen auf den Breetzer Bodden gefahren. Er wurde von Schliekers Großvater Otto und einem weiteren Fischer, Max Wolter, gesehen, die ebenfalls zum Aalstechen auf dem Eis waren. Am Nachmittag legte sich der Wind. Nebel kam auf. Schlieker und Wolter packten schleunigst ihre Sachen zusammen und machten sich mit ihrem Schlitten auf den Heimweg. Emil Gau blieb. „Ist doch nicht so schlimm", soll er den Beiden noch zugerufen haben.

Besorgt über das Ausbleiben ihres Mannes ging Emils Frau gegen Abend an das Ufer und blies mehrmals in das Nebelhorn. Als einer der beiden Söhne nach Hause kam, verständigte er sich sofort mit seinem Bruder. Mit einem Strick banden sie sich zusammen und, bewaffnet mit Seilen und einer Leiter, machten sie sich im Dunkeln und im dichten Nebel auf die Suche. Sie hörten offenbar noch die Rufe des Vaters, erreichen konnten sie ihn wohl nicht mehr. Am nächsten Tag fand die Besatzung der Wittower Fähre die beiden ertrunkenen Brüder im Wasser. Den toten Vater entdeckten sie etwas weiter entfernt. Einer der Söhne hatte auch noch wenige Jahre zuvor seine vierjährige Tochter verloren. Sie war beim Spielen am Ufer in den Bodden gefallen. Die Mutter hatte vergeblich versucht, ihr Kind aus dem Wasser zu retten.

Bis heute ist die Ursache der Tragödie um die drei Vaschvitzer nicht geklärt, zumal Emil Gau als erfahrener Fischer bekannt war. Es wird vermutet, dass er auf dem Rückweg zu nahe an die Strömungskante entlang der Fahrrinne gekommen und dort eingebrochen oder ins Eis gerutscht ist. „Alle drei versopen“, beklagte der Hiddenseer Johannes Thürke, der Emil Gau an jenem Tage selbst auf dem Eis gesehen haben wollte, „dat is uck een Jammer! Alle drei versopen ...“.

Ende einer Überfahrt: Fährunglücke vor Wittow

Die Kamminer Fähre zwischen der Halbinsel Wittow und dem Muttland gab es wohl schon seit dem 12. Jahrhundert, denn 1159 sollen Rügener Soldaten dort nach Wittow übergesetzt sein, um den plündernden Dänen Einhalt zu gebieten. Doch war die „kleine Schwester“ der einige Kilometer weiter westlich gelegenen Wittower Fähre nie für größere Personengruppen oder höhere Lasten geeignet. Einen festen Fahrplan gab es nicht. Die Überfahrt erfolgte jeweils nach Bedarf. Dazu wurde ein Korb an einer Stange hochgezogen. Die Geschichte der kleinen Fähre wird von einem tragischen Unglück im Jahre

Unermüdlich kreuzt die Fähre zwischen Wittow und dem Muttland

1939 überschattet: Beim Holztransport von Vieregge nach Kammin kenterte das Boot. Der Fährmann Alfred Diedrich und sein Helfer Erich Sievert ertranken.[37] Wenig später wurde der Fährbetrieb endgültig eingestellt.

Glimpflich ging dagegen vor wenigen Jahren ein Vorfall auf der Wittower Fähre aus: Zwei Frauen aus der Stadt Güstrow waren mit ihrem PKW als letzte in der Reihe auf das Fährschiff gefahren. Beim Umparken geriet das Auto zu weit nach hinten und plumpste ins Wasser. Geistesgegenwärtig hatten die beiden Insassinnen noch während des Sturzes die Wagentüren geöffnet und waren schnell heraus gesprungen. Mit Seilen, die ihnen die Fährmänner zuwarfen, konnten sie aus dem Wasser gezogen werden. Allerdings erlitten sie nach dem unfreiwilligen Bad in den Fluten des Rassower Stroms einen Schock und mussten kurzzeitig ins Stralsunder Krankenhaus gebracht werden. Das Auto wurde später mit einem Kran geborgen.[38]

Für die Selliner Seebrücke mussten Menschen sterben

Heute zählen die Seebrücken der Ostseebäder zu den touristischen Attraktionen der Insel. Die Landungsstege wurden einst aber nicht zur Gaudi der Feriengäste gebaut, sondern um das Anlanden der Bootspassagiere zu erleichtern. Es war hier wie so oft: Erst mussten Menschen sterben, dann wurde gehandelt.

Das Drama geschah im Jahr 1900 am Strand von Sellin: Wie immer wurden Urlaubsgäste von den Dampfschiffen auf kleine Segler und Ruderboote verfrachtet und an Land gebracht. Dies

Selliner Seebrücke - Wo heute Gäste flanieren, starben einst Menschen

war bei Sturm eine äußerst wacklige Angelegenheit. Und so passierte es, dass ein Boot kenterte und mehrere Passagiere in den Fluten versanken. Der Schock saß tief. Ein Jahr später hatte die Gemeinde einen kleinen Landungssteg errichtet, der 1906 von der über 500 Meter langen Seebrücke ersetzt wurde.

In Binz war bereits 1902 eine Seebrücke ins Meer hinein gebaut worden. Doch auch hier gab es ein Unglück[39]: Am 28. Juli 1912 waren rund 1.000 Schaulustige auf die Brücke geeilt, um den Ausflugdampfer „Kronprinz Wilhelm" beim Einlaufen zu beobachten. Plötzlich brach ein Teil der ebenfalls mehr als 500 Meter langen Konstruktion zusammen und riss zahlreiche Menschen ins Wasser. „Mit einem entsetzlichen Aufschrei sank der Menschenknäuel wie durch einen Trichter in die Tiefe", schrieb ein Reporter am Tag nach dem Unglück. Heute erinnert eine Gedenktafel an die 17 Todesopfer, die dieses Unglück gefordert hat. Unter dem Eindruck des Binzer Dramas wurde ein Jahr später die Deutsche Lebens-Rettungs-Gesellschaft (DLRG) in Leipzig gegründet.

Das Drama auf dem Schwanenstein
Vor 60 Jahren erfroren drei Jungen auf dem Findling

Der Schwanenstein, einer der größten Findlinge Rügens, liegt nur rund 100 Meter östlich vom Lohmer Hafen im Meer - und doch wurde er vor über 60 Jahren drei Jungen zur tödlichen Falle.

Kehren wir zurück in das Jahr 1956: Am späten Nachmittag des 13. Februars laufen die Kinderheimzöglinge Helmut Petersen, Uwe Wassilowsky und Manfred Prewitz über das Eis zum Felsen. Es ist zwei Tage nach Neumond. Sturm kommt auf, der Orkanstärke erreicht. Das Eis bricht. Den drei Jungen ist der Rückweg versperrt.

Gegen 19.30 Uhr läuft eine beispiellose Rettungsaktion an: Grenzpolizei, Lohmer Fischer, Matrosen der Baltischen Rotbannerflotte und Feuerwehr trotzen Schnee, Sturm und Eiseskälte, um die Kinder zu erreichen. Doch kein Boot kommt nur in die Nähe des Felsens. Einige junge Männer lassen sich anseilen, um zum Schwanenstein zu schwimmen, doch der Orkan und messerscharfe Eisschollen treiben sie zurück. Ein Pionierzug, der eine Notbrücke zum Felsen schlagen soll, bleibt im meterhohen Schnee auf Jasmund stecken. Ein Hubschrauber wird in Berlin angefordert, doch bei dem Orkan ist eine Rettung aus der Luft unmöglich. Im vereisten Hafen von Sassnitz läuft ein Kutter aus, die Besatzung gerät ebenfalls in Gefahr und muss das Manöver abbrechen.

Noch in der Nacht sterben die drei Jungen. Im Schein einer

Leuchtrakete erkennen die vielen Helfer drei zu Eis erstarrte Körper auf dem Felsen. Erst am nächsten Vormittag, das Wetter hat sich beruhigt, werden sie geborgen.

Die Buben wurden auf dem Friedhof von Nipmerow beigesetzt. Ihr Grab erhielt später auf Initiative von Kindern des Kinderheims einen Gedenkstein.[340]

Erfroren auf dem Schwanenstein -
Der tragische Tod dreier Jungen ist den Lohmern unvergesslich

In den Tod gerudert: Vor 60 Jahren ertranken vier Ruderer im Bodden

Manchmal hat Wolfgang Kalk Angst, „vor allem um andere, wenn die nicht machen, was sie machen sollen". Der Leiter des fast 100 Jahre alten Rügener Ruderstandorts in Zittvitz weiß nach Jahrzehnte langen Erfahrungen, dass umsichtiges Verhalten auf dem Wasser manchmal über Leben oder Tod entscheidet. Vielen ist noch eine Tragödie in Erinnerung, bei dem vier junge Menschen ihr Leben verloren. An einem Frühlingstag im Jahre 1959 waren von Zittvitz aus mehrere Ruderboote zu einer Wanderfahrt auf dem Kleinen Jasmunder Bodden aufgebrochen. Bevor sie die Rückfahrt von Lietzow in ihren Heimathafen antraten, hatten die Verantwortlichen die Weisung ausgegeben, unter Land, also am Schilfufer entlang, zu rudern. Fünf junge Ruderer hielten sich nicht daran. Mit ihrem Vierer mit Steuermann durchkreuzten sie den Bodden. Offenbar hatten sie den Wellengang unterschätzt, vermuten Zeitzeugen. Ihr Boot schlug voll. Einer von ihnen schaffte es, das rettende Ufer schwimmend zu erreichen. Die anderen ertranken im kalten Wasser.

Die wachsende Begeisterung der Rüganer für den NS-Staat

Den „Führer" haben die Rüganer zwar nie zu Gesicht bekommen, dennoch aber zeigten sie sich - wie die Menschen in anderen ländlichen Gegenden Deutschlands - besonders empfänglich für die nationalsozialistische Propaganda. Schon bei der Novemberwahl des Jahres 1932 bekam die NSDAP aus Rügen 41 % der abgegebenen Stimmen – im Reichsdurchschnitt waren es nur 33 %[41]. Bei den Reichstagswahlen 1933 erlangte die Hitler-Partei hier sogar mit 54 % die absolute Mehrheit[42]. Schnell etablierten sich auf der Insel nationalsozialistische Herrschafts- und Verwaltungsstrukturen. Die Hitlerjugend war 1939 bereits mit zehn „Gefolgschaften", also 1.000 Jungen im Alter von 14 bis 18 Jahren, und mit acht Gruppen des Bundes Deutscher Mädel (BDM) präsent. Und zur Deutschen Arbeitsfront zählten im März 1938 immerhin 14.000 der insgesamt rund 60.000 Rüganer[43].Die Begeisterung vieler Inselbewohner erklärt sich wohl auch aus der „nationalsozialistischen Aufbauarbeit im Kreise Rügen" - allem voran dem Bau des 1937 fertig gestellten Rügendamms, der das Festland mit der Insel verband, und der Errichtung des gigantischen „Kraft-durch-Freude"-Bades in Prora[44]. Dennoch: Obwohl die leicht überschaubare Bevölkerungs- und Ortsstruktur jede Form des Widerstandes erschwerte, formierten sich auch hier und da Formen der Opposition.

Durchs Dorf getrieben: Terror auf der Insel

Am 15. August 1935 wurde die ledige Näherin Anna Grosse aus ihrer Wohnung in Gingst geholt, auf die Straße getrieben, angespuckt und beschimpft. NS-Funktionäre hielten Plakate hoch, auf denen die Frau als „Judendirne" gebrandmarkt wurde. Anschließend brachten zwei Gendarmen die Bemitleidenswerte in die Kreisstadt, in der sie weitere Pöbeleien und Arresthaft zu erdulden hatte. Ihr einziges Vergehen: Sie hatte sich in einen Breslauer Juden verliebt. Anna Grosse war nicht das erste Opfer nationalsozialistischer Hetze gegen Juden und Andersdenkende. Bereits wenige Wochen nach der „Machtergreifung" bekam der Kaufmann Albert Noack die Feindseligkeit des neuen Regimes zu spüren: Der Inhaber des seit 1852 bestehenden Textilgeschäftes auf dem Bergener Markt musste erleben, wie ihn die anderen Mitglieder der Kaufmannskompanie bei einem Treffen im Ratskeller beleidigten und ausgrenzten. Noch am selben Abend - es war der 1. Mai 1933 - erhängte sich Noack in seinem Haus. Spätestens seit der Progromnacht vom 9. auf den 10. November 1938 schwebten die wenigen übrigen auf Rügen lebenden Juden in Lebensgefahr. Manchen von ihnen wurde von mutigen Menschen geholfen. Die Witwe Thekla Cohn und ihre Tochter etwa konnten dank der Hilfe des damals noch kommissarisch amtierenden Garzer Bügermeisters Carl Tiedt fliehen.[45] Wer Widerstand leistete, wurde gnadenlos verfolgt. KPD-Funktionäre, wie der einzige kommunistische Kreistagsabgeordnete Ewald Pahl kamen in „Schutzhaft". Auch August Mohr, bei dem die Polizei die versteckte Fahne der Bergener KPD-Gruppe entdeckt hatte, gehörte zu ihnen. Als er 1935 erneut zu einem Jahr Zuchthaus verurteilt wurde, wählte er den Freitod. „... ich möchte nicht noch einmal das durchmachen, was ich 1933 erlebte", soll er am Ende seines Lebens gesagt haben.[46]

ROTES BLUT AUF BRAUNEM HEMD – WIE HITLERJUNGE HANS MALLON ZUM NAZI-HELDEN MUTIERTE

Ein Paradebeispiel für die verlogene Propaganda der Nationalsozialisten stand früher einmal auf dem Rugard. Am 20 . Juni 1937 wurde auf der einstigen Slawenburg das erste bombastische Ehrenmal für einen „Gefallenen der Bewegung" eingeweiht.[47] Baldur von Schirach, der von Hitler ernannte „Jugendführer des Deutschen Reiches", erinnerte in seiner vor Pathos triefenden Rede vor rund 7.000 Jungen und Mädchen der Hitlerjugend (HJ) an den „Opfermut" und den „Heldentod" seines „Kameraden" Hans Mallon, dessen Gebeine einen Tag zuvor in den Nazi-Tempel überführt worden waren. Das neue

Das sog. Ehrenmal auf dem Rugard,
dem pommerschen Hitlerjungen Hans Mallon geweiht

„germanische Gotteshaus", über dessen Portal die Inschrift „Ewig ist der Toten Tatenruhm" mit der Axt geschlagen worden war, stand in der Nähe einer zwei Jahre zuvor eingeweihten „Thingstätte". Die Anhöhe bei Bergen diente fortan als Wallfahrtsort, an dem die indoktrinierte Jugend ihren NS-Götzen zu huldigen hatte. Doch wer war Hans Mallon, für den der Tempel eigens errichtet wurde? War er wirklich jener „Blutzeuge", der sich für die Sache des Nationalismus geopfert hatte? Das darf bezweifelt werden. Der 1914 geborene Johannes Mallon war 1929 in den NS-Schülerbund und ein Jahr später in die Hitlerjugend eingetreten. Zu dieser Zeit hatte er eine Lehre im Bergener Elektrizitäts- und Wasserwerk begonnen. Nach

Blick in die Halle –
unter mächtigen Blöcken ruht der Sarkopharg mit Hans Mallon

einer Sonnenwendfeier auf dem Rugard war der 17jährige als Wimpelträger mit seiner HJ-Horde auf dem Rückmarsch in die Kreisstadt, als es zu einer der damals durchaus noch üblichen gewalttätigen Auseinandersetzungen kam. Dabei wurde Hans von einem Stein am Kopf verletzt. „Das Blut rann ihm über die Stirn und färbte das Braunhemd", schrieb Günter Kaufmann 1938 in seinem Propagandabuch über die „Opfer der Jugend". Kaufmanns Behauptung, eine Stunde nach der Tat des „roten Mordgesindels" sei Mallon verschieden[48], passt zwar gut in die Legende vom Märtyrer der „Bewegung", ist aber schlicht falsch. Vielmehr wurde der Jugendliche nach dem aktuellen Forschungsstand zwar ärztlich versorgt. Gestorben ist er aber erst am 3. September desselben Jahres, also gut zehn Wochen nach der Verletzung. Zudem soll er schon länger an Tuberkulose gelitten haben. 1945 hatte der Spuk auf dem Rugard ein Ende. In den letzten Kriegstagen hatte man aus Angst Fahnen, NS-Symbole sowie andere Zeugnisse des untergehenden „Dritten Reiches" in die Gedenkstätte gebracht. Kurz bevor sowjetische Truppen die Insel besetzten, ging das stets von einem kultischen Feuer beleuchtete „Hans-Mallon-Haus" selbst in Flammen auf. Zehn Jahre später wurden die Überreste der Ruine auf Betreiben des damaligen Bergener Bürgermeisters Johannes Präkel vollends in die Luft gesprengt.[47]

Ein Denkmal für Charlotte Triebe

„Das Geheimnis des Friedens heißt Erinnerung“, steht in Baabe auf einer schlichten Granitstele geschrieben, die an das Schicksal der Charlotte Triebe erinnert und zugleich allen „Frauen und Kindern, die Opfer des zweiten Weltkrieges wurden“, gewidmet ist. Die 1909 in Danzig geborene Charlotte hatte ihren Mann auf der Flucht aus Ostpreußen verloren und sich unter großen Entbehrungen und ständig drohenden Gefahren mit ihren drei Kindern bis auf die Insel Rügen durchgeschlagen. Am 6. Mai war sie mit den Kleinen auf der Straße unterwegs, als sie berittenen Sowjetsoldaten begegnete. Ohne Grund schossen die Reiter auf die junge Frau. Ihre Kinder, das kleinste lag noch im Kinderwagen, mussten zusehen, wie ihre Mutter zusammen brach. Zwar wurde die Verletzte noch im Einvernehmen mit dem sowjetischen Ortskommandanten ins Bergener Krankenhaus transportiert. Sie konnte aber nicht mehr gerettet werden. Charlotte Triebe erlag am 11. Mai 1945 ihren Verletzungen. Der Mord blieb ungeahndet.

Chaos nach dem Krieg - Die Russen kommen!

Panik und Verzweiflung erfassten viele Rüganer, als ein russisches Korps der Roten Armee am 4. Mai 1945 auf die Insel übergesetzt hatte. Nicht nur NS-Aktivisten, sondern auch Altansässige und Flüchtlinge, ja sogar ganze Familien trieb die ungewisse Zukunft in den Freitod. Niemand hat sie je gezählt.

Am 2. Mai hatte der sowjetische Generalmajor Nikolai Ljastschenko die kampflose Übergabe der Insel gefordert. „Zivilpersonen wird Leben, gute Behandlung und Eigentum zugesichert", heißt es in dem Brief. Drei Tage später war Rügen in russischer Hand. Sofort wurde der offenbar erste in deutscher Sprache verfasste Befehl des russischen Kommandanten Litwin herausgegeben, in dem zugesichert wird, dass „die deutschen Frauen ... gegen Übergriffe der Rotarmisten geschützt" und Verstöße „sofort der Kommandantur zu melden" seien. Sicher aber konnte sich niemand fühlen.[49] Denn entgegen allen Beschwichtigungen kam es immer wieder zu Gewalttaten.

Vor allem Frauen waren in Gefahr. „Die Mädchen versteckten sich morgens auf dem Feld", erinnert sich ein Zeitzeuge. Wenn die von der Besatzungsmacht berufenen Bürgermeister wegen der Übergriffe intervenierten, so blieb dies oft genug erfolglos. So war auch der Gang des Wieker Bürgermeisters Ewald Käning zum Ortskommandanten umsonst: Der Sozialdemokrat hatte am 12. Mai angezeigt, dass drei bewaffnete Rotarmisten am Vorabend in sein Haus eingedrungen seien und dort eine bei ihm untergekommene 32jährige Flüchtlingsfrau vergewaltigt hätten. Die Täter blieben - wie so oft - unentdeckt.

Heute lässt sich kaum noch erahnen, welches Chaos in den letzten Kriegstagen auf der Insel herrschte. Bereits Anfang November 1944 waren rund 10.000 evakuierte Ostpreußen mit Zügen eingetroffen. Hinzu kamen mindestens 20 Flüchtlingstrecks aus Hinterpommern. Die meisten aber landeten auf dem Seeweg auf Rügen: Bis zum 8. Mai 1945 wurden an die zwei Millionen Soldaten und Zivilisten auf Schiffen über die Ostsee nach Westen transportiert.

Bald wurde die „Verstopfung Swinemündes mit Flüchtlingen" gemeldet. Die kleine Hafenstadt Sassnitz, die noch zwei Monate zuvor von britischen Bombern angegriffen worden war, diente fortan als Ausweichhafen. Hier gingen von Mitte Februar bis Mitte März 1945 über 100.000 Evakuierte an Land. Auch wenn viele weiter zogen, sobald sich eine Gelegenheit bot, der Ansturm auf die Insel war enorm: Nach Schätzungen hatte sich die Einwohnerzahl bei Kriegsende auf rund 125.000 erhöht. Das waren doppelt so viele wie bei Kriegsbeginn.[50]

Schiffsexplosion vor dem Vilm riss 81 Menschen in den Tod

Ein Gedenkstein auf dem Friedhof von Putbus hält die Erinnerung an die Opfer einer katastrophalen Schiffsexplosion wach, das nur wenige Monate nach Ende des Weltkrieges Rügen erschütterte. Im Mai 1945 lagen im Hafen von Lauterbach eine Reihe Schleppkähne auf Reede. Sie waren bis zur Relingskante mit Munition beladen, die auf Weisung der Sowjets im Oktober gelöscht werden sollte, um Platz für das requirierte Rügener Getreide zu schaffen. Einer der Kähne war im Herbst immer noch mit 90 Tonnen Munition beladen. Auf Weisung der Siegermacht sollte das Boot mit 70 deutschen Kriegsgefangenen und elf sowjetischen Bewachern am 24. Oktober zum Vilm geschleppt werden, um dort die Ladung zu sprengen. Am Steinriff vor der Insel Vilm ging die Ladung plötzlich in die Luft, zerstörte Schlepper und Schleppkahn und riss alle auf dem Schiff in den Tod. Immer wieder schwemmte die See Leichenteile an, die zunächst in einem Sammelgrab in Lauterbach bestattet wurden. Im Herbst 1949 fanden die sterblichen Überreste der Opfer auf dem Friedhof von Putbus ihre letzte Ruhestätte. 40 Jahre später wurden noch 20 Tonnen Infanteriemunition an der Unglücksstelle sicher gestellt.[51]

Das grosse Aufräumen
Karl Kappes und die Enteignung der Krautjunker

Mit der am 5. September 1945 verordneten „Bodenreform“ setzte auch auf Rügen eine beispiellose Umverteilung von Besitz ein: 158 Großgrundbesitzer der Insel und darüber hinaus etliche Kriegsverbrecher und Nazis wurden entschädigungslos enteignet.[52] Insgesamt wurden 50.104 Hektar Land beschlagnahmt, das Landarbeitern, armen Bauern und „Umsiedlern“ übereignet werden sollte. Mit dieser Mammutaufgabe wurde der stellvertretende Landrat von Rügen, Karl Kappes, beauftragt.[53]

Von den „Krautjunkern“ waren zu diesem Zeitpunkt viele nicht mehr auf ihrem Besitz, oder sie waren bereits gestorben. Einige waren im Krieg gefallen, andere hatten beim Einmarsch der Roten Armee - manchmal sogar mit ihrer gesamten Familie - den Freitod gewählt. Zu ihnen gehörten Eduard Berger aus Venz, Kurt Rickmann in Poseritz, Ernst von Schinckel auf Kartzitz oder Jarislav von Usedom in Zirmoisel. Einige wenige flohen von der Insel. Ihnen blieb das Schicksal derjenigen erspart, die sich noch vor Ort befanden. Der Rittergutsbesitzer Friedrich Klickow von Kaiseritz etwa oder Karl Klincke, dem die Güter Dranske-Hof und Lancken auf Wittow gehört hatten, wurden festgenommen und in das von der russischen Geheimpolizei betriebene „Speziallager Nr. 9 Fünfeichen“ bei Neubrandenburg gebracht. Beide kamen dort ums Leben.

66 Jahre verschollen: Das Ende des Karl von Schultz

66 lange Jahre wusste die Familie nichts über das Schicksal des Gutsbesitzers Karl von Schultz. Mehr als ein halbes Jahrhundert musste sie mit der Ungewissheit leben. Erst 2012 erfuhr sie, dass der international renommierte Pflanzenzüchter am 6. Februar 1946 nach einem Gerichtsurteil des russischen Militärtribunals erschossen worden war.

Was war geschehen? Karl von Schultz hatte das Gut seiner Vorfahren in Granskevitz nicht nur vorbildlich geführt, sondern auch zu einem Saatzuchtzentrum umgewandelt. Er war fasziniert von den Mendelschen Vererbungsgesetzen und begann 1910 mit der Züchtung von Pflanzen. 1929 gründet er die „Norddeutsche Saatzucht AG", kurz „Nordsaat", und bringt es als Züchter zu internationalem Ansehen. Wie hunderte andere Gutsbesitzer der Insel wurde auch von Schultz unmittelbar nach Kriegsende enteignet. Seiner Frau und den vier Töchtern gelang es noch rechtzeitig nach Schleswig-Holstein zu fliehen. Dort gründete Margarete von Schultz noch 1946 die Nordsaat neu. Karl von Schulz aber blieb.

Und er hatte Grund zu hoffen, dass ihm nichts geschehen wird: Sein ehemaliges Gut Granskevitz sollte nach dem Willen der Landesverwaltung nämlich nicht zerschlagen, sondern als „Volkseigenes Gut" (VEG) weitergeführt werden, galt es doch als Prestigeobjekt. Auch wollte man nicht auf die Kompetenz des Pflanzenzüchters verzichten und setzte Karl von Schultz als Betriebsleiter auf seinem ehemaligen Besitz ein. Doch nichts ist sicher in Zeiten von Willkür und Hass. Bereits am 29. September 1945 wurden er und sein Kollege Erich Schneider durch Befehl des Bürgermeisters von Schaprode aus dem Betrieb entfernt. Seitdem galt Karl von Schultz bis vor wenigen Jahren als verschollen.[54]

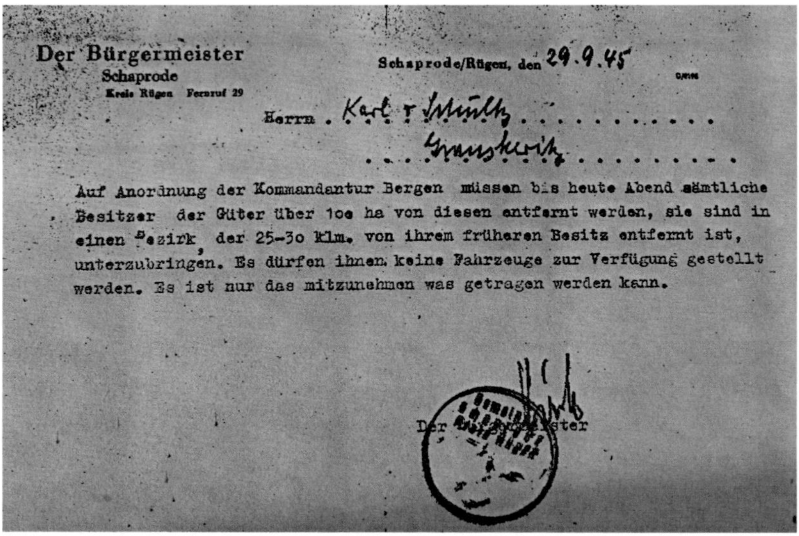

Der Bürgermeister
Schaprode
Kreis Rügen Fernruf 29

Schaprode/Rügen, den 29.9.45

Herrn Karl v Schultz
Granskevitz

Auf Anordnung der Kommandantur Bergen müssen bis heute Abend sämtliche Besitzer der Güter über 1oo ha von diesen entfernt werden, sie sind in einen Bezirk, der 25-3o Klm. von ihrem früheren Besitz entfernt ist, unterzubringen. Es dürfen ihnen keine Fahrzeuge zur Verfügung gestellt werden. Es ist nur das mitzunehmen was getragen werden kann.

Der Bürgermeister

Im September 1945 mussten alle Großgrundbesitzer ihre Güter verlassen

Mumie im Schrank: Das Rätsel um den Toten im Zubzower Schloss

„Mordschloss“ wurde das Gutshaus von Zubzow genannt, nachdem sich dort ein äußerst mysteriöser Kriminalfall ereignete. Roland P., ein 35jähriger Bewohner des Guthauses, war im Frühjahr 1995 von seiner Familie vermisst worden, nachdem er sich schon länger nicht mehr hat blicken lassen. Kurz darauf startete die Polizei eine Suchaktion, wie sie das abgelegene Dorf im Westen Rügens noch nie erlebt hat: Jauchegruben wurden abgepumpt, Wälder durchstreift und jeder Strohhalm in den Scheunen umgekarkt. Auch die Familie beteiligte sich an der Suche. „Wir haben keine Ruhe gegeben“, erinnert sich Rolands Schwester Beate Gundlach an diese schwere Zeit. Doch alle Mühen waren umsonst. Selbst die Befragung von drei Männern, mit denen der Vermisste gern feierte, erbrachten keine konkreten Hinweise über den Verbleib des gelernten Schlachters.

„Irgendwann einmal kam der Zeitpunkt, an dem wir uns eingestehen mussten, dass Roland tot ist“, erzählt seine Schwester. Etwa ein Jahr nach der Vermisstenmeldung wurde die Suche von den Behörden eingestellt. Rolands Familie fuhr zu seiner Wohnung, um den persönlichen Besitz und seine Papiere an sich zu nehmen. Sie sah, dass das amtliche Siegel an der Wohnungstür verschwunden war. „Bevor wir gingen, standen wir vor einem zugenagelten Schrank, den wir aber nicht öffneten“, erinnert sich Beate Gundlach.

Im Herbst 1998 - also dreieinhalb Jahre nach Rolands Verschwinden - rückten ABM-Kräfte an, um die Wohnung auszuräumen. Denn das Gutshaus sollte saniert werden. Als die Arbeiter den vernagelten Schrank öffneten, machten sie eine grausige Entdeckung: In ihm lag die mumifizierte Leiche des so lange Gesuchten. „Wir haben Roland gefunden“, wurde den Eltern und den fünf Schwestern beschieden. Offenbar, so vermutet die Beate Gundlach, war die Leiche zunächst aus der Wohnung weggeschafft und später wieder zurückgebracht worden, um sie im Schrank zu verstecken. Ob Roland bei einer Feier mit seinen Kumpels gestorben oder getötet wurde, wird wohl nie geklärt werden.

Das Gutshaus Zubzow galt jahrelang als „Mordschloss“.

Der Raubmörder von Dreschvitz

Eine zweifelhafte Karriere im Westen hat der gebürtige Dreschvitzer Dieter Freese hingelegt: Der Mann und seine Bande sorgten in den 1960er Jahren mit einem kaltblütigen Raubüberfall auf eine Bank und etlichen Fluchtversuchen danach für Schlagzeilen. Die spektakuläre Räuberpistole wurde sogar im Rahmen der damals überaus populären TV-Serie „Stahlnetz" verfilmt.[55]

Aufgewachsen ohne Vater, denn der war im Krieg gefallen, verließ der im August 1939 geborene Dieter Freese bereits als Kind mit der Mutter die Insel Rügen, um zunächst in West-Berlin zu leben. Schon früh zeigt sich sein unbändiger Freiheitsdrang, denn schon als Halbwüchsiger will er sich als Fremdenlegionär den Wind der weiten Welt um die Nase wehen lassen. Als daraus nichts wird, beginnt der junge Mann, der nie einen Beruf gelernt hat, seine kriminelle Laufbahn mit Diebstählen. Erst klaut er Brötchen, dann Fahrräder, und schließlich knackt er Autos. Am 14. Februar 1962 überfällt Freese mit vier Komplizen die Sparkasse in Winningen an der Mosel und erschießt den Filialleiter. „Wenn einer erschossen wird, ist er selbst dran schuld, woll!", soll er später gesagt haben.

Zunächst gelingt den Verbrechern auf getrennten Wegen die Flucht. Zwei Wochen nach dem Raubüberfall stöbert ein Polizist Freese in einem Stollen bei Königswinter auf. Doch der Gangster entwaffnet den Beamten, erschießt den ihm nachhetzenden Polizeihund und taucht erneut unter. Erst neun Tage später wird er in der Nähe der tschechoslowakischen

Grenze geschnappt. Im Oktober 1963 wird er zu zweimal lebenslanger Haft verurteilt. Die Öffentlichkeit atmet auf.

Doch Freese hat nur einen Gedanken: Nichts wie raus aus dem Knast! 1971 stürmt er mit einem Stuhlbein bewaffnet aus seiner Zelle der Justizvollzugsanstalt Diez, kommt aber nur bis in den Innenhof. 18 Jahre später dann der nächste Fluchtversuch: Bei Arbeiten in der Gefängnisgärtnerei gelingt es ihm zu türmen. Doch nach zwölf Tagen ist der Traum von Freiheit ausgeträumt. Der Hund eines Bahnpolizisten findet ihn schlafend in einem Schafstall bei Boppard. 1992 versucht es Freese noch einmal: Nach einem Besuch beim Optiker kehrt er nicht mehr ins Gefängnis zurück. Dieses Mal hält er zwei Monate durch, bis man ihn erschöpft und abgemagert bei Düsseldorf entdeckt.

Ein Jahr später, 1993, wird Freese nach 30jähriger Haft entlassen. Man bringt ihn in ein Wohnheim für ehemalige Langzeithäftlinge im Kreis Euskirchen. Doch auch dort hält es ihn nicht lange. Er setzt sich ab. Seither verlaufen sich seine Spuren im Nirwana. Lebt er noch? Ist er längst gestorben? Kein Mensch weiß das so genau.

Unheimliche Begegnung der dritten Art: Das UFO-Erlebnis des Martin Wiesengrün

Die Schönheit der Insel Rügen hat sich offenbar bis in die Galaxie herum gesprochen. Denn mindestens einmal soll das Eiland Besuch von Außerirdischen bekommen haben. Von seiner Begegnung der intergalaktischen Art berichtet jedenfalls ein Mann aus Baldereck: In einer schwülen Julinacht des Jahres 1957 sei er, der damals ein „verträumter" 15jähriger Bauernjunge war, im Traum zu einer Waldlichtung in der Nähe seines Heimatdorfes gerufen worden. Dort habe er vor einem gigantischen Flugobjekt gestanden, und von zwei Fremden „in silberglänzenden Anzügen" sei er höflich aufgefordert worden, in ihr Ufo zu steigen und sich untersuchen zu lassen, schildert der Mann mit dem Künstlernamen Martin Wiesengrün in einem Video (www.exopolitik.org) sowie in einem Buch über „Mein UFO-Erlebnis auf Rügen". Mit seinen Erlebnissen hat sich Wiesengrün offenbar einen Namen unter den Ufologen der Welt gemacht.

In einem Raum, der so komfortabel ausgestattet war wie ein Hotelzimmer, habe man ihm Elektroden „feiner wie Haare" angebracht und ihn über eine „Föderation verschiedener außerirdischer Rassen" aufgeklärt. Zwei Nächte, so erinnert sich Wiesengrün, habe er in dem Forschungslabor vom „Planet Arian" verbracht, sieben Mahlzeiten seien ihm serviert worden. Dann sei er wieder in den tristen Alltag seiner irdischen Existenz entlassen worden.[56]

„Ich war ... ungefähr 72 Stunden bei ihnen zu Gast", erzählte er

Jahrzehnte später. Das Abenteuer habe ihn sein Leben lang nicht losgelassen. „Das Erlebnis von damals verfolgt mich bis heute. Ich konnte lange nicht darüber reden. Ich hätte meine Existenz riskiert." Erst, als die DDR aufgehört hat zu existieren, „kam ich an eine Reihe von Büchern heran, die mir zeigten, dass es auch anderen Menschen so ähnlich wie mir ergangen ist. Auch sie hatten Kontakte mit Außerirdischen".[57]

Auf dieser Wiese soll einst das UFO gelandet sein.

Anmerkungen

1 zit. nach Dieter Naumann: *"Ik neig mi vor keinem"*. Das Blättchen. Zweiwochenschrift für Politik, Kunst und Wirtschaft, 19. Jahrgang, Nr. 25, 2016
2 ebenda
3 Hanna Kocka-Krenz: *Die Westwanderung der Slawen,* S. 132
4 Knapp, *Rügens frühe Geschichte*, S. 77 ff., vgl. auch Ziemann, S. 25 ff und 55 ff
5 zit. nach Ziemann, S. 25
6 Peter Herfert, *Arkona - das letzte große Heiligtum der Nordwestslawen*
7 Fritz Petrick: *Rügens frühe Geschichte*, S. 91 f
8 Joachim Herrmann*: Arkona auf Rügen,* zit. nach Fritz Petrick*, Rügens frühe Geschichte,* S. 91
9 Interview Peter Herfert vom 17. 4. 2016
10 Herbert Ullrich, *Rituelle Handlungen an Leichnamen*, S. 123 ff
11 Fritz Petrick, *Rügens frühe Geschichte*, S. 85 ff
12 Interview Peter Herfert vom 17. 4. 2016
13 Achim Leube: *Ein Mord vor 500 Jahren*
14 Erläuterungstafel vor der Mordwange von Schaprode
15 Vgl. Leube: *Ein Mord vor 500 Jahren*
16 Hellmuth Heyden: *Kirchengeschichte Pommerns. I. Band. Von den Anfängen des Christentums bis zur Reformationszeit.* Köln-Braunsfeld 1957, zit. nach Leube: Ein Mord vor 500 Jahren
17 Thomas Kantzow: *Chronik von Pommern*, zit. nach Leube: Ein Mord vor 500 Jahren
18 Leube: *Ein Mord vor 500 Jahren.* Vgl. auch Chronik von Gingst
19 vgl. www.morgenpost.de vom 09.12.2007 und www.berliner-zeitung.de vom 07.02.2001
20 Vergl. Polizeiakten vom Juli 1927, Landesarchiv Berlin
21 Barb und Karl Zerning, S. 121 ff
22 Alfred Haas: *Auf Rügen herrschten einst rauhe Sitten.* Sippe und Heimat Nr. 11, 1939
23 Barb und Karl Zerning, S.123
24 ebenda
25 Ingrid Schmidt, S. 33
26 M. Ernst Henrich Wackenroder: *Altes und Neues Rügen.* Löffler Verlag, Greifswald 1732: Did
27 Vgl. R. E. L. Masters: *Die teuflische Wollust. Sex und Satanismus.* Lichtenberg

Verlag, München 1968
28 Wichert /Petrick, S. 102
29 zit. nach Wichert/Petrick, S. 104
30 Friedrich Wilhelm Barthold: *Geschichte von Rügen und Pommern.* Hamburg 1842
31 Fritz Petrick: *Rügens Zeitgeschichte,* S. 138
32 ebenda, S. 17
33 *Dranske. Von den Anfängen bis 1900.*Schriftenreihe Heimatverein Dranske e.V., Heft 4
34 https://de.statista.com
35 Martina Katja Lustig: *Sportbootunfälle - eine kasuistische Studie.* S.130
36 Achim Leube: *Die Entdeckung Rügens im 19. Jahrhundert.*
37 Ostsee-Zeitung vom 6. Dezember 1996
38 www.tagesspiegel.de vom 25. Oktober 2010
39 Ostsee-Zeitung vom 31. Juli 2017
40 *Das Unglück vom Schwanenstein*, in: www.ruegen-inselinfo.de
41 www.proradok.de(
42 Fritz Petrick: *Rügens Preußenzeit 1815-1945*, S. 134
43 ebenda, S. 141 f
44 ebenda, S. 142
45 Susanna Misgajski: *Judenverfolgung*, in: Fritz Petrick: *Rügens Preußenzeit 1815-1945,* S. 139 f
46 Walter Boerst: *Bilder aus Rügens Vergangenheit*, zit. nach Fritz Petrick: *Rügens Preußenzeit 1815-1945*, S. 139
47 Der Text folgt der Darstellung von Susanna Misgajski: *Thingstätte und Totenkult auf dem Rugard*, in: Fritz Petrick: *Rügens Preußenzeit 1815-1945*, S. 142 f
48 Günter Kaufmann: *Das Opfer der Jugend an allen Fronten*, S. 154
49 Vgl. Fritz Petrick: *Rügens Zeitgeschichte seit 1945*, S. 13 ff
50 Martin Holz, S. 656
51 Fritz Petrick: *Rügens Zeitgeschichte seit 1945*, S. 17
52 Abschrift der geheimen „*Aufstellung aller enteigneten ehemaligen Großgrund-besitzer im Kreis Rügen*" von 1946. Privatbesitz.
53 vgl. Fritz Petrick: *Rügens Zeitgeschichte seit 1945*, S. 27 ff
54 *Von den Anfängen bis heute.* www.nordsaat.de
55 Interview Beate Gundlach vom 7.12.2017
56 *Fall Freese: Chronologie der Ereignisse.* Rhein-Zeitung (Koblenz) vom 14. Februar 2012
57 vgl. Martin Wiesengrün: *Mein UFO-Erlebnis aus Rügen*

Quellen und Literatur:

Ernst Moritz Arndt: *Kater Martinchen. Einundzwanzig vorpommersche Sagen.* Konrad Reich Verlag, Rostock 1990

Elizabeth von Arnim: *Elizabeth auf Rügen.* List Verlag, Berlin 2008

Johann Carl Heinrich Dreyer: *Monumenta anecdota quibus varia rei literariae, historiarum* ..., Band 1, 1760

Manfred Faust: *Hiddensee. Die Geschichte einer Insel. Von den Anfängen bis 1990.* Mit einer Chronik der wichtigsten Ereignisse von 1991 bis zur Gegenwart, Demmler-Verlag, Ribnitz-Damgarten 2005

Johann Jacob Grümbke: *Streifzüge durch das Rügenland*, VEB F. A. Brockhaus Verlag, Leipzig 1988

Peter Herfert: Die Tempelburg Arkona. Die schriftliche Überlieferung in archäologischer Sicht. Rugia Journal, Putbus 1997

Peter Herfert: *Arkona - das letzte große Heiligtum der Nordwestslawen.* Broschüre, Erscheinungsdatum unbekannt.

Joachim Herrmann: *Arkona auf Rügen. Tempelburg und politisches Zentrum der Ranen vom 9.-12. Jahrhundert.* Ergebnisse der archäologischen Ausgrabungen 1969-1971. Zeitschrift für Archäologie 8, Berlin 1974

Lutz Hofmann/Steffen Schneider: *Heinz Mewius - Der Hexer von Rügen*, edition ost, Rostock 1995

Martin Holz: *Evakuierte, Flüchtlinge und Vertriebene auf der Insel Rügen 1943-1961.* Veröffentlichungen der Historischen Kommission für Pommern, hg. v. Roderich Schmidt. Reihe V: Forschungen zur Pommerschen Geschichte, Bd. 39, Köln/Weimar/Wien 2003

Thomas Kantzow: *Chronik von Pommern in hochdeutscher Mundart.* Nachdruck, Stettin 1898, hg. von Georg Gaebel

Günter Kaufmann (Hg.): *Langemarck. Das Opfer der Jugend an allen Fronten,*

Stuttgart 1938

Hans D. Knapp (Hg.): *Rügens frühe Geschichte*. Teil 1 der Reihe Rügens Geschichte von den Anfängen bis zur Gegenwart in fünf Teilen, hg. von Fritz Petrick, rügendruck putbus, Putbus 2013

Hanna Kocka-Krenz: *Die Westwanderung der Slawen.*, 1996

Achim Leube: *Die Entdeckung Rügens im 19. Jahrhundert.* www.geschichte.ruegens.de

Achim Leube: *Ein Mord vor 500 Jahren - aus der Geschichte Gustows und Rügens.* www.geschichte.ruegens.de, 2016

Martina Katja Lustig: *Sportbootunfälle - eine kasuistische Studie.* Dissertation, Medizinische Fakultät der Universität Greifswald, 2004

Fritz Petrick: *Rügens Schwedenzeit 1648-1815.* Teil 3 der Reihe Rügens Geschichte von den Anfängen bis zur Gegenwart in fünf Teilen, hg. von Fritz Petrick, rügendruck putbus, Putbus 2009

Fritz Petrick: *Rügens Zeitgeschichte seit 1945.* Teil 5 der Reihe Rügens Geschichte von den Anfängen bis zur Gegenwart in fünf Teilen, hg. von Fritz Petrick, rügendruck putbus, Putbus 2013

Fritz Petrick: *Rügens Preussenzeit 1815-1945.* Teil 4 der Reihe Rügens Geschichte von den Anfängen bis zur Gegenwart in fünf Teilen, hg. von Fritz Petrick, rügendruck putbus, Putbus 2013

Ingrid Schmidt: *Orakel - Hexen - Heilmagie auf der Insel Rügen.* Hinstorff Verlag, Rostock 2004

Herbert Ullrich: R*ituelle Handlungen an Leichnamen und Menschen-knochenauf dem frühslawischen Seehandelsplatz Ralswiek.* Beiträge zur Archäozoologie und Prähistorischen Anthropologie (Sonderdruck), Band VIII, Langenweißbach 2011

Ernst Heinrich Wackenroder: *Altes und Neues Rügen.* Greifswald 1732

Sven Wichert/Fritz Petrick: *Rügens Mittelter und frühe Neuzeit 1168-1648.* Teil

2 der Reihe *Rügens Geschichte von den Anfängen bis zur Gegenwart in fünf Teilen*, hg. von Fritz Petrick, rügendruck putbus, Putbus 2009

Martin Wiesengrün: *Mein UFO-Erlebnis auf Rügen.* Turmalin Verlag, Gütersloh 2000

Peter Ziemann: *Ranen, Rügen und das Meer. Die Geschichte eines versunkenen, slawischen Volksstammes.* Edition Pommern, Elmenhorst 2015

Chroniken:

Susanne Burmester: *Heinz Mewius*, in Hans-Henning Hofmann: Chronik von Neuenkirchen

Dranske. Von den Anfängen bis 1900. Schriftenreihe Heimatverein Dranske e.V.

Schulchronik von Polchow

Chronik von Gingst

Hans-Henning Hofmann: *Chronik Neuenkirchen* (2 Bde.) von Chronik Glowe

Boris Hruschka: *Eine Dorfschule auf Rügen*, hg. Gemeinde Kluis, 2014

Heinz Müller: *Lohme auf Rügen. Chronik der Gemeinde Lohme*

Internet:

www.de.statista.com

www. hiddensee-kultur.de (zu Alexander Ettenburg, Altefähr)

www.kirchelandow.de

www.nordsaat.de (zu Karl von Schultz, Granskevitz)

www.ruegen-inselinfo.de (zu Unglück auf dem Schwanenstein vor Lohme)

www.witzlaw.de (zu den slawischen Ortsnamen auf Rügen)

www.gutshaeuser.de

www.geschichte.ruegens.de

www.morgenpost.de

www.berliner-zeitung.de

www.proradok.de

Printmedien und Periodika:

Geisterspuk in Neuenkirchen a. Rügen vor 290 Jahren. In: „Rügensche Heimat“, Beilage zur Rügenschen Zeitung 1935/8

Dieter Naumann: *„Ik neig mi vor keinem“.* Das Blättchen. Zweiwochenschrift für Politik, Kunst und Wirtschaft, 19. Jahrgang, Nr. 25, 2016

Barb und Karl Zerning: *Hochangesehen und zutiefst verachtet.* Über Scharfrichter und Henker auf Rügen. Rugia Journal, Jg. 1999

Primärquellen:

Abschrift der geheimen Aufstellung aller enteigneten ehemaligen Großgrundbesitzer im Kreis Rügen von 1946. Privatbesitz.

Polizeiakten vom Juli 1927 (A Pr. Br. Rep. 030-03 Nr. 103a), Landesarchiv Berlin

Abbildungsverzeichnis

Einbandfoto: Ingo Gudusch, mit freundl. Genehmigung des Karl-Lappe-Verlages

Karte S. 5: Kristian Salewski

Archiv Susanna Gilbert: S. 11, 12, 15, 19, 22,34, 38, 41, 49, 51, 70, 74

Peter Herfert: S. 16

Marcel Präske: S. 54

Archiv Nordsaat GmbH: S. 68

Aus *Langemarck. Das Opfer der Jugend an allen Fronten: S. 59, 60*

Susanna Gilbert

- geb. 1953 in Gießen. Auf das Studium der Germanistik und Geschichte folgte die Promotion im Fach Geschichte. Für ihre Dissertation über „Hellmut von Gerlach. Stationen eines Liberalen vom Kaiserreich zum Dritten Reich" erhielt sie den Wolf-Erich-Kellner-Preis der Friedrich-Naumann-Stiftung. Von 1981 bis 1998 arbeitete sie als Redakteurin der Deutschen Presse-Agentur in Hamburg, München und Stuttgart. Danach lieferte sie als freie Journalistin und Literaturkritikerin Texte vor allem für dpa und Reader´s Digest (Susanna Gilbert-Sättele – Wikipedia). Derzeit schreibt sie - seit mehreren Jahren auf Rügen lebend - als freie Mitarbeiterin für Printmedien.

- Susanna Gilbert gehört zu den Verfassern des Sammelbandes „Autorinnen in Stadt und Kreis Ludwigsburg vom 18.–20. Jahrhundert (Hg. v. Literarischer Gesprächskreis Ludwigsburg e. V. , S. Hirzel Verlag, Stuttgart 2007, ISBN 978-3-7776-1521-9). Ihr Roman „Cousinen" ist als E-Book auf dem Markt. Im März 2017 ist der Band „Dorfgeschichten von Rügen" (Hinstorff Verlag, Rostock, ISBN 978-3-3560-2088-5) erschienen, den sie mit Uwe Driest verfasst hat.

- Susanna Gilbert hat zwei Töchter, die sie oft und gern auf Deutschlands größter Insel besuchen.